curiosidad por

LOS ROBOTS EN CASA

T0286295

POR GAIL TERP

AMICUS LEARNING

¿Qué te causa

CAPÍTULO DOS

Robots trabajando

PÁGINA

10

CAPÍTULO UNO

Ayudantes domésticos

PÁGINA

4

curiosidad?

CAPÍTULO TRES

Robots domésticos para el futuro
PÁGINA
18

¡Mantén tu curiosidad! 22

Glosario 24

Índice 24

Curiosidad por es una publicación de Amicus
P.O. Box 227, Mankato, MN 56002
www.amicuspublishing.us

Editora: Rebecca Glaser
Diseñadora de la serie y libro: Kathleen Petelinsek
Investigación fotográfica: Omay Ayres

Library of Congress Cataloging-in-Publication Data
Names: Terp, Gail, 1951- author.
Title: Curiosidad por los robots en casa / Gail Terp.
Other titles: Curious about robots at home. Spanish
Description: Mankato, MN : Amicus Learning, an imprint of
Amicus, 2024. | Series: Curiosidad por la robótica | Translation
of: Curious about robots at home. | Includes bibliographical
references and index. | Audience: Ages 5-9 | Audience: Grades
2-3 | Summary: "Spanish questions and answers give kids an
understanding about the technology of robots at home, including
robots people use now and future robots in development. Includes
infographics to support visual learning and back matter to support
research skills, plus a glossary and index"– Provided by publisher.
Identifiers: LCCN 2023016531 (print) | LCCN 2023016532
(ebook) | ISBN 9781645497806 (library binding) | ISBN
9781645498421 (paperback) | ISBN 9781645497882 (pdf)
Subjects: LCSH: Personal robotics–Juvenile literature.
Classification: LCC TJ211.416 .T4718 2024 (print) | LCC
TJ211.416 (ebook) | DDC 629.0/92–dc23/eng/20230411

Créditos de Imágenes: Alamy/Osman Orsal/Xinhua, 13;
Dreamstime/Marina Troinich, 4, 5; Italian Institute of Technology/
EU/Piero Cruciatti, 21; Shutterstock/Aleksandr Finch, 2,
10, Alex_Traksel, 6–7, Antonovskuy Anzhella, 17, Dmytro
Zinkevych, 18, FAMILY STOCK, 9, frantic00, 16, Jacky Co,
16, 22–23, James Atoa/UPI, 17, Kryuchka Yaroslav, cover,
1, MarinaTr, 11, New Africa, 14–15, Panthere Noire, 4,
PaO_Studio, 3, 19, Photodiem, 9, Pixel-Shot, 5, Sunlightarrow,
4–5, Tatiana Popova, 4, UfaBizPhoto, 12, VTT Studio, 2, 8

Impreso en China

¿Las personas realmente tienen robots en casa?

Desde la limpieza hasta la seguridad, los robots hacen muchos trabajos en los hogares modernos.

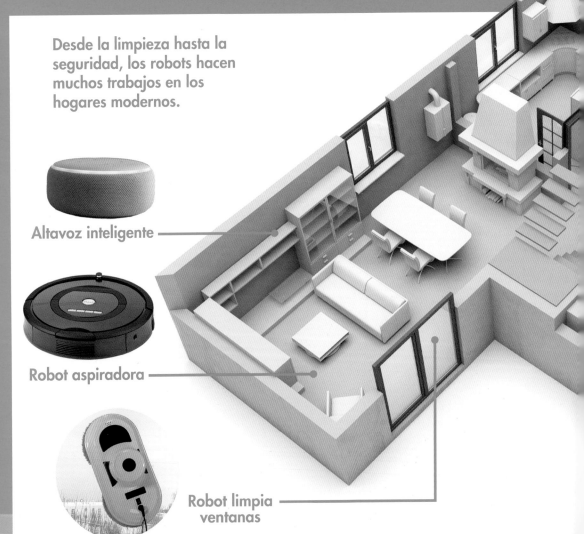

Altavoz inteligente

Robot aspiradora

Robot limpia ventanas

¡Sí! Y algunas personas los tienen trabajando por toda la casa. Pueden tener robots que aspiran y trapean los pisos. Tal vez los robots los ayudan a cocinar. Quizás tienen robots que los ayudan a ser más independientes. Afuera, un robot podría estar arreglando el jardín. ¡Verdaderamente, los robots podrían estar en todas partes!

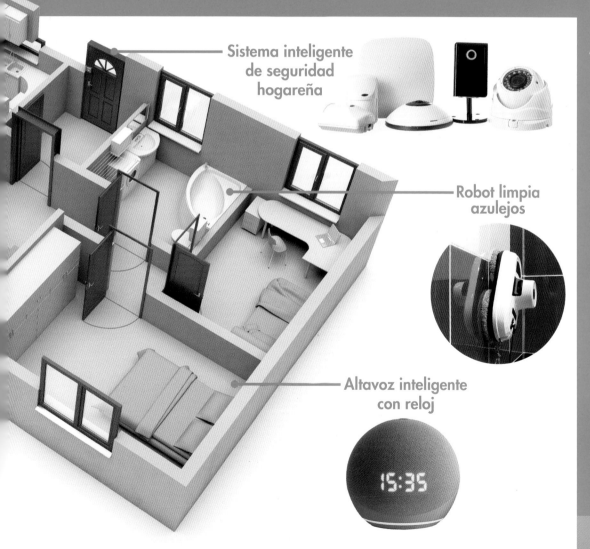

Sistema inteligente de seguridad hogareña

Robot limpia azulejos

Altavoz inteligente con reloj

15:35

Un robot que corta el césped puede ahorrarte tiempo en los quehaceres.

¿Podrían ayudarme los robots?

Sí, y también a otros en tu familia. Un robot **educativo** podría ayudar a todos a aprender cosas nuevas. Otro robot podría estar circulando, protegiendo la casa. Un robot podría estar cortando el césped o paleando nieve.

¿Hay robots hechos para niños?

Si no puedes tener una mascota real, un cachorro robot es una opción divertida.

¡Sí! Algunos robots se construyen solo por diversión. Cantan, bailan y cuentan chistes. Las mascotas robots jugarán contigo. Un robot educativo podría ayudarte a mejorar tus habilidades **STEM**. También podría enseñarte habilidades de **programación informática**.

Puedes armar un robot
a partir de un kit.

Un robot puede ayudar
a los niños a aprender.

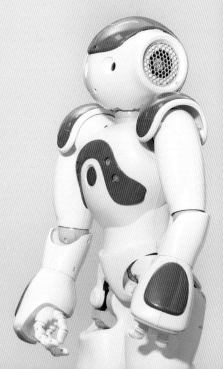

CAPÍTULO DOS

¿Podría un robot limpiar mi cuarto?

Una aspiradora robot puede limpiar tu alfombra mientras juegas... ¡si no hay nadie estorbando!

Depende de qué tipo de limpieza necesites. ¿El piso está sucio? Hay una aspiradora Roomba hecha para ese trabajo. ¿Las ventanas también están sucias? Un limpiaventanas AlfaBot las limpiará. Pero, ¿un robot recogerá tus juguetes? Aún no.

Un robot limpiaventanas puede llegar más alto que una persona.

¿Cómo pueden los robots ayudar a alguien a ser más independiente?

Algunos robots ayudan a las personas con **discapacidades**. WeWALK es un bastón que ayuda a las personas ciegas. Puede detectar **obstáculos** en su camino. Obi es una herramienta robótica para comer. Ayuda a las personas que necesitan asistencia para alimentarse. Jaco es un brazo robótico. Abre puertas y hace otras tareas.

Un brazo robótico puede ayudar a la gente en muchas tareas.

El bastón inteligente WeWALK siente los objetos a varios pies de distancia.

¿Cómo podría un robot proteger mi casa?

Algunos robots tienen cámaras y recorren toda tu casa. Pueden hacerlo incluso cuando tú no estás. Te pueden mostrar qué están haciendo tus mascotas. Muchos pueden reconocer los rostros de la familia y pueden detectar cualquier sonido extraño. Algunos pueden incluso volar. ¡Son como niñeras de la casa!

Los sistemas de seguridad hogareña pueden usar robots para vigilar la casa cuando los habitantes no están.

Una mascota robot puede ayudar a las personas a sentirse menos solas.

¿Qué más pueden hacer las mascotas robots?

Este robot entretiene a tu mascota.

Un perro robot no pierde pelo.

A veces los niños no tienen amigos cerca con quienes jugar. Las mascotas robots podrían hacerles compañía. Muchas mascotas robots son suaves y dan ganas de abrazarlas. ¡Y responden felices cuando los acarician! Algunos adultos mayores que viven solos disfrutan las mascotas robots. Las mascotas los ayudan a sentirse menos solos.

¡Una caja de arena robot se limpia sola!

¿SABÍAS?
¡Hay cajas de arena robóticas para gatos!

ROBOTS DOMÉSTICOS PARA EL FUTURO

¿Cómo cambiarán los robots domésticos?

La mayoría de los robots domésticos hacen una sola tarea. Los fabricantes de robots están trabajando para que eso cambie. Muchos de los robots nuevos estarán programados para hacer más de una tarea. Algunos serán capaces de seguir instrucciones totalmente nuevas. Y algunos incluso aprenderán tareas nuevas simplemente al observar a los humanos trabajar.

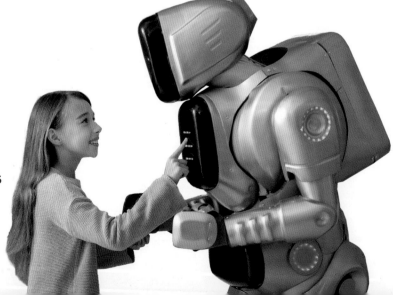

En el futuro, los robots tal vez caminen y hablen más como los humanos.

Un chef robot puede cocinar para ti; ¡pero cuesta más de $300.000!

¿Pronto un robot hará todas mis tareas?

No, no sucederá pronto. Cuando realizas tareas usas muchas habilidades. Recoges cosas y luego sabes dónde colocarlas. Usas herramientas. Evitas obstáculos. Programar un robot para que haga todas estas habilidades es complicado. Y es caro. Por ahora, tendrás que seguir haciendo tus tareas.

Investigadores en Italia crearon el robot iCub para estudiar la inteligencia artificial.

PROS Y CONTRAS DE LOS ROBOTS DOMÉSTICOS

PROS
- ahorran tiempo
- ayudan a las personas con discapacidades
- la casa está más segura

CONTRAS
- son caros
- son difíciles de construir y programar

HAZ MÁS PREGUNTAS

¿Hay otros tipos de mascotas robots?

¿Cómo funciona una caja de arena robot?

Prueba con una PREGUNTA GRANDE:
¿Dónde podría aprender a construir mi propio robot?

BUSCA LAS RESPUESTAS

Busca en el catálogo de la biblioteca o en Internet.
Pueden ayudarte tus padres, un bibliotecario o un maestro.

Usar palabras clave
Busca la lupa.

Las palabras clave son las palabras más importantes de tu pregunta.

?

Si quieres saber sobre:

- mascotas robots, escribe: MASCOTAS ROBOTS o MASCOTAS ROBÓTICAS

- cajas de arena robots, escribe: CAJAS DE ARENA ROBOTS

GLOSARIO

discapacidad Una condición de no ser capaz de hacer ciertas cosas, generalmente causada por una lesión, enfermedad u otra afección médica.

educativo Que tiene que ver con enseñar y aprender.

obstáculo Algo que se interpone en el camino.

programación informática El trabajo de escribir instrucciones en código para las computadoras.

STEM Siglas en inglés para referirse a ciencia, tecnología, ingeniería y matemáticas

ÍNDICE

cajas de arena robots, 17

mascotas robots, 8, 9, 16–17

pros y contras, 21

robots aspiradoras, 4–5, 10, 11

robots cocineros, 5, 19

robots de seguridad, 5, 7, 15

robots del futuro, 18

robots educativos, 7, 8, 9

robots limpiaventanas, 4, 11

robots para personas con discapacidades, 5, 12, 13

robots que cortan el césped, 6, 7

Acerca de la autora

Luego de dar clases durante años, ahora Gail Terp tiene un segundo trabajo soñado: escribir libros para niños. Sus libros tratan sobre todo tipo de temas. Ahora tiene un tema nuevo. ¡Los robots! Cuando no está escribiendo, le encanta salir a caminar y buscar cosas interesantes sobre las cuales escribir.